心情特攻隊：我的心情遊戲書

（第二冊）

社交情境想選做

孟瑛如、郭興昌、黃小華
陳昱昇、陳品儒、張麗琴、鄭雅婷 著

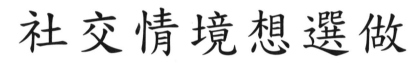

作者簡介

孟瑛如

學歷：美國匹茲堡大學特殊教育博士

現職：國立清華大學特殊教育學系教授

郭興昌

學歷：國立雲林科技大學漢學研究所碩士

現職：雲林縣大東國小總務主任

黃小華

學歷：國立嘉義大學特殊教育學系碩士

現職：雲林縣溝壩國小特教教師

陳昱昇

學歷：國立虎尾科技大學資訊管理研究所碩士

現職：雲林縣立仁國小特教教師

陳品儒

學歷：國立高雄師範大學特殊教育研究所碩士

現職：雲林縣斗六國小特教教師

張麗琴

學歷：國立屏東大學特殊教育學系學士

現職：雲林縣莿桐國小特教教師

鄭雅婷

學歷：國立嘉義大學特殊教育學系學士

現職：雲林縣石榴國小特教教師

編輯說明

本書為《心情特攻隊》桌遊的遊戲書，提供桌遊遊戲中的60種情緒學習單，讓孩子認識情緒及辨別情緒。此外，亦提供遊戲中處己、處人、處環境及兩難等100種情境的學習單，讓孩子能在不同情境或不同角色中說出適切的處理方式，以達到自發、互動、共好的精神。教師與家長可在和孩子一起玩桌遊之前或之後使用本書，可以得到最佳的學習效果。

本書包含第一冊（一、二）和第二冊（三、四、五），共分成五種學習單，介紹如下：

一、心情臉譜：本學習單提供60種情緒語詞並解釋其義。學生可根據學習單所提供的情緒敘述語句，參考各種五官圖案，再畫出該表情。

二、自我情緒選擇：本學習單可搭配《心情特攻隊》桌遊的玩法三「心滿意足」使用。孩子可根據學習單所提供的情境，寫出自己的情緒感受，並想出兩種作法、預測結果，最後根據結果重新審視自我的情緒。

三、情緒猜謎：本學習單可搭配《心情特攻隊》桌遊的玩法一「心心相印」和玩法二「心有靈犀」使用。孩子可根據學習單所提供的情境描述來猜出相符的情緒語詞，並想出另一個相似的情境。

四、自我情緒與互利情境：本學習單可搭配《心情特攻隊》桌遊的玩法四「情緒我做主」使用。孩子可根據學習單所提供的情緒狀態，想出情境，並寫出作法與結果，然後檢視自己的作法與結果是否符合「利己與利人」的精神，最後可在利己或利人的愛心當中塗鴉。

五、提示想選猜做：本學習單可搭配《心情特攻隊》桌遊的玩法三「心滿意足」和玩法五「情緒你我他」使用。孩子可根據學習單所提供的情境，圈出選擇的作法，之後想出自己與他人預測的結果，最後再決定怎麼做，並自我評分，滿分為10分。

目次

。情緒猜謎。

目次

自我情緒與互利情境

提示想選猜做

目次

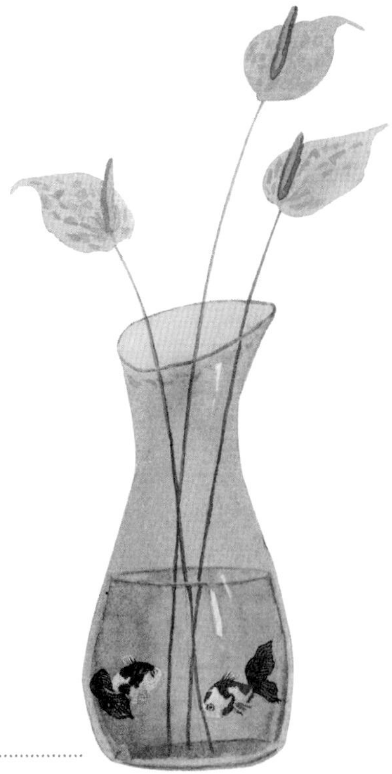

情緒猜謎

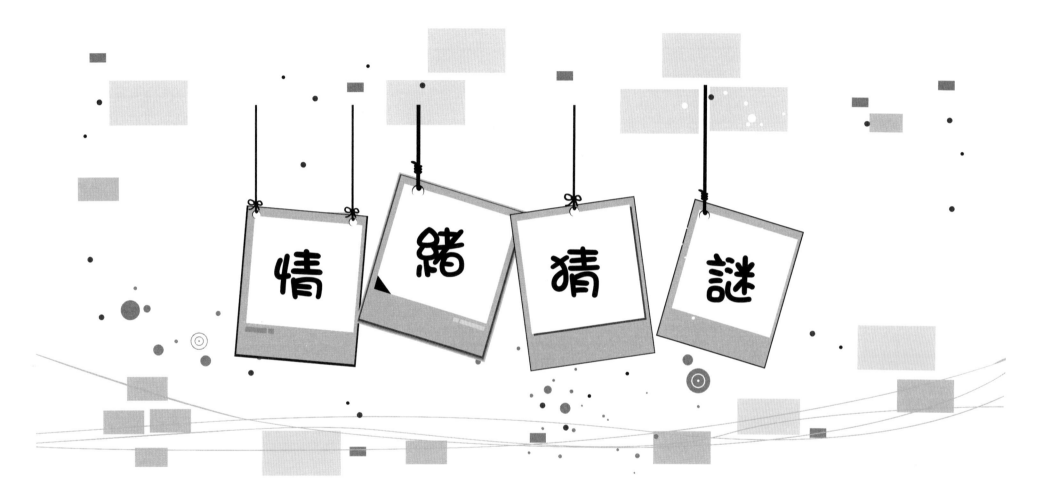

情緒猜謎

範例

今天是　月　日

※請根據以上兩個情境與圖片，想出適切的情緒語詞填入格子內。

剛剛聽到一個笑話，我覺得很(　　　　)。

媽媽講「三隻小豬」的故事時，我覺得很(　　　　)。

有趣

※請寫出一個相似情緒的情境。

看小丑的表演，我覺得很有趣。

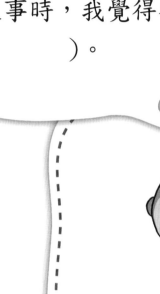

情緒猜謎 1

今天是　月　日

※請根據以上兩個情境與圖片，想出適切的情緒語詞填入格子內。

一個人在咖啡館看書，
我覺得很(　　　　)。

在房間裡聽著古典音樂，
我覺得很(　　　　)。

※請寫出一個相似情緒的情境。

情緒猜謎 2

今天是　　月　　日

※請根據以上兩個情境與圖片，想出適切的情緒語詞填入格子內。

和家人一同去墾丁旅遊，我覺得很(　　　　)。

和朋友一起去看電影，我覺得很(　　　　)。

※請寫出一個相似情緒的情境。

情緒猜謎 3

今天是　月　日

※請根據以上兩個情境與圖片，想出適切的情緒語詞填入格子內。

寒冷的冬天裡，喝上一碗熱湯，我覺得很(　　　　)。

滿身大汗，立刻去沖澡，我覺得很(　　　　)。

※請寫出一個相似情緒的情境。

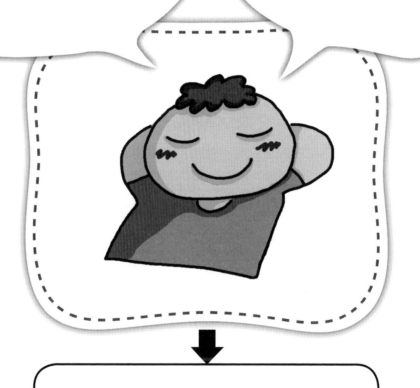

情緒猜謎 4

今天是　月　日

※請根據以上兩個情境與圖片，想出適切的情緒語詞填入格子內。

能在廣闊的草地上奔跑，我覺得很(　　　　　)。

只有我一個人在家，我覺得很(　　　　　)。

※請寫出一個相似情緒的情境。

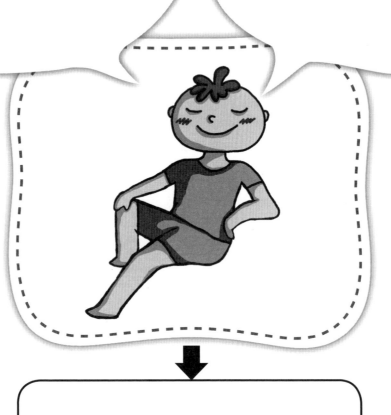

情緒猜謎 5

今天是　　月　　日

※請根據以上兩個情境與圖片，想出適切的情緒語詞填入格子內。

今天的功課比較少，我覺得很(　　　　　)。

當我的工作都做完了，我覺得很(　　　　　)。

※請寫出一個相似情緒的情境。

情緒猜謎 6

今天是　月　日

※請根據以上兩個情境與圖片，想出適切的情緒語詞填入格子內。

同學們記得我的生日為我慶生，我覺得很(　　　　　)。

我跑步跌倒時同學扶我，我覺得很(　　　　　)。

※請寫出一個相似情緒的情境。

情緒猜謎 7

今天是　　月　　日

全家人一起合照，我覺得很(　　　　　)。

奶奶抱著我在椅子上睡，我覺得很(　　　　　)。

※請根據以上兩個情境與圖片，想出適切的情緒語詞填入格子內。

※請寫出一個相似情緒的情境。

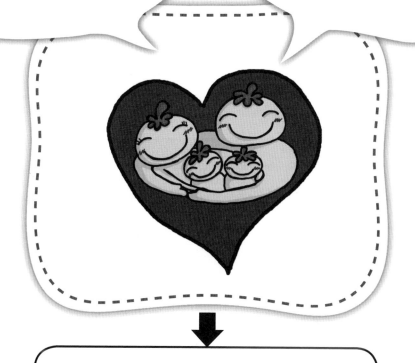

情緒猜謎 8

今天是　月　日

※請根據以上兩個情境與圖片，想出適切的情緒語詞填入格子內。

爸爸背著我，我覺得很(　　　　)。

媽媽親著我的臉頰，我覺得很(　　　　)。

※請寫出一個相似情緒的情境。

今天是　月　日

※請根據以上兩個情境與圖片，想出適切的情緒語詞填入格子內。

能每天吃到媽媽煮的晚餐，我覺得很(　　　　)。

能全家人一起出國旅遊，我覺得很(　　　　)。

※請寫出一個相似情緒的情境。

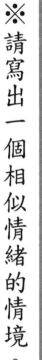

今天是　月　日

※請根據以上兩個情境與圖片，想出適切的情緒語詞填入格子內。

同學們送我一大張生日卡，我覺得很(　　　　)。

家人在我受傷住院時的細心照顧，我覺得很(　　　　)。

※請寫出一個相似情緒的情境。

今天是　月　日

※請根據以上兩個情境與圖片，想出適切的情緒語詞填入格子內。

媽媽要帶我去餐廳吃飯，
我覺得很(　　　　)。

看到禮堂做好活動布置，
我覺得很(　　　　)。

※請寫出一個相似情緒的情境。

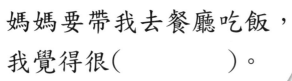

情緒猜謎 12

今天是　　月　　日

※請根據以上兩個情境與圖片，想出適切的情緒語詞填入格子內。

颱風天和家人一起在家裡，我覺得很(　　　　)。

媽媽陪著我一起參加鋼琴檢定，我覺得很(　　　　)。

※請寫出一個相似情緒的情境。

今天是　　月　　日

※請根據以上兩個情境與圖片，想出適切的情緒語詞填入格子內。

看到自己的美勞作品得到高分，我覺得很(　　　　　)。

大家說我準備的點心很好吃，而且全部吃完，我覺得很(　　　　　)。

※請寫出一個相似情緒的情境。

情緒猜謎 14

今天是　　月　　日

※請根據以上兩個情境與圖片，想出適切的情緒語詞填入格子內。

這次書法比賽我得到第一名，我覺得很（　　　　）。

能夠在全班面前得到老師稱讚，我覺得很（　　　　）。

※請寫出一個相似情緒的情境。

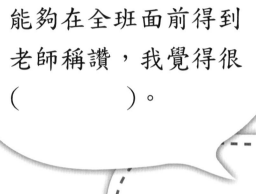

情緒猜謎 15

今天是　　月　　日

※請根據以上兩個情境與圖片，想出適切的情緒語詞填入格子內。

不見的錢包找了回來，我覺得很(　　　　)。

統一發票中獎，我覺得很(　　　　)。

※請寫出一個相似情緒的情境。

情緒猜謎 16

今天是　月　日

※請根據以上兩個情境與圖片，想出適切的情緒語詞填入格子內。

大地震過後，大家都平安無事，我覺得很(　　　　)。

識破來電是詐騙電話，我覺得很(　　　　)。

※請寫出一個相似情緒的情境。

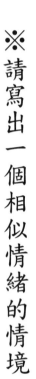

情緒猜謎 17

今天是　　月　　日

※請根據以上兩個情境與圖片，想出適切的情緒語詞填入格子內。

寒冬時，朋友送了一杯熱可可給我，我覺得很(　　　　　)。

遇到困難，有人主動幫助我，我覺得很(　　　　　)。

※請寫出一個相似情緒的情境。

情緒猜謎 18

今天是　　月　　日

※請根據以上兩個情境與圖片，想出適切的情緒語詞填入格子內。

每當我看偶像劇時，總是讓我很(　　　　　)變成劇中的主角。

每次聽偶像的歌，總是讓我很(　　　　　)參加他的演唱會。

※請寫出一個相似情緒的情境。

情緒猜謎 19

今天是　　月　　日

我很(　　　　　)跟朋友一起到電影院裡看電影。

我家貓咪最(　　　　　)吃的就是魚了。

※請根據以上兩個情境與圖片，想出適切的情緒語詞填入格子內。

※請寫出一個相似情緒的情境。

情緒猜謎 20

今天是　　月　　日

※請根據以上兩個情境與圖片，想出適切的情緒語詞填入格子內。

吃到期待已久的冰淇淋，我覺得很(　　　　　)。

聽到別人稱讚我，我覺得很(　　　　　)。

※請寫出一個相似情緒的情境。

情緒猜謎 21

今天是　　月　　日

※請根據以上兩個情境與圖片，想出適切的情緒語詞填入格子內。

幫助需要幫助的人，我覺得很(　　　　　)。

做自己有興趣的事，我覺得很(　　　　　)。

※請寫出一個相似情緒的情境。

情緒猜謎 22

今天是　月　日

※請根據以上兩個情境與圖片，想出適切的情緒語詞填入格子內。

一口氣喝完一瓶冰果汁，我覺得很(　　　　　)。

把想說的話一股腦兒全部說出來，我覺得很(　　　　　)。

※請寫出一個相似情緒的情境。

情緒猜謎 23

今天是　　月　　日

※請根據以上兩個情境與圖片，想出適切的情緒語詞填入格子內。

準備許久的作品獲得了第一名，我覺得（　　　　）。

當我對中統一發票特獎時，我覺得（　　　　）。

※請寫出一個相似情緒的情境。

今天是　　月　　日

※請根據以上兩個情境與圖片，想出適切的情緒語詞填入格子內。

今年夏天的氣溫高得讓我覺得很(　　　　)。

在路上看到身高超過200公分的人，我覺得很(　　　　)。

※請寫出一個相似情緒的情境。

情緒猜謎 25

今天是　　月　　日

※請根據以上兩個情境與圖片，想出適切的情緒語詞填入格子內。

抽獎抽到我最喜歡的東西時，我覺得很（　　　　）。

在路上遇到許久不見的好朋友，我覺得很（　　　　）。

※請寫出一個相似情緒的情境。

今天是　月　日

※請根據以上兩個情境與圖片，想出適切的情緒語詞填入格子內。

聽到飛機失事的消息，大家都非常的(　　　　)。

聽到<u>臺灣</u>一年用了165億個塑膠袋，我覺得很(　　　　)。

※請寫出一個相似情緒的情境。

情緒猜謎 27

今天是　月　日

※請根據以上兩個情境與圖片，想出適切的情緒語詞填入格子內。

聽到學校校隊能出國比賽，我覺得很(　　　　)。

肚子餓時，看見別人拿著美味食物，我覺得很(　　　　)。

※請寫出一個相似情緒的情境。

今天是　月　日

※請根據以上兩個情境與圖片，想出適切的情緒語詞填入格子內。

看到朋友被我的魔術唬得一愣一愣的表情，我覺得很(　　　　　)。

在網路上看到搞笑的影片，我覺得很(　　　　　)。

※請寫出一個相似情緒的情境。

情緒猜謎 29

今天是　月　日

※請根據以上兩個情境與圖片，想出適切的情緒語詞填入格子內。

到底是先有蛋還是先有雞，我覺得很(　　　　)。

看魔術表演卻找不出關鍵所在，我覺得很(　　　　)。

※請寫出一個相似情緒的情境。

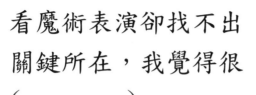

今天是　　月　　日

※請根據以上兩個情境與圖片，想出適切的情緒語詞填入格子內。

玩高空彈跳，體驗墜落的感覺，我覺得很(　　　　　)。

看世足賽的直播，我覺得很(　　　　　)。

※請寫出一個相似情境。

今天是　月　日

※請根據以上兩個情境與圖片，想出適切的情緒語詞填入格子內。

不小心刮到鄰居買的新車，我覺得很（　　　）。

上公廁時，外面很多人在排隊等待，我覺得很（　　　）。

※請寫出一個相似情緒的情境。

今天是　　月　　日

※請根據以上兩個情境與圖片，想出適切的情緒語詞填入格子內。

颱風天的晚上停電，一個人在房間裡，我覺得很(　　　　　)。

搭電梯到一半時突然故障，我覺得很(　　　　　)。

※請寫出一個相似情緒的情境。

情緒猜謎 33

今天是　　月　　日

※請根據以上兩個情境與圖片，想出適切的情緒語詞填入格子內。

蛀牙要去看牙醫，我覺得很(　　　　　)。

站在懸崖旁往下看，我覺得很(　　　　　)。

※請寫出一個相似情緒的情境。

今天是　　月　　日

※請根據以上兩個情境與圖片，想出適切的情緒語詞填入格子內。

在司令臺上對著全校同學說話，我覺得很(　　　　　)。

參加比賽，大會準備宣布名次時，我覺得很(　　　　　)。

※請寫出一個相似情緒的情境。

情緒猜謎 35

今天是　　月　　日

※請根據以上兩個情境與圖片，想出適切的情緒語詞填入格子內。

全家出門旅遊時，想到窗戶沒關，我覺得很(　　　　　)。

奶奶生病住院，我覺得很(　　　　　)。

※請寫出一個相似情緒的情境。

今天是　　月　　日

※請根據以上兩個情境與圖片，想出適切的情緒語詞填入格子內。

寫作文沒有頭緒，我覺得很(　　　　　)。

母親節要到了，不知道要送什麼給媽媽，我覺得很(　　　　　)。

※請寫出一個相似情緒的情境。

今天是　月　日

※請根據以上兩個情境與圖片，想出適切的情緒語詞填入格子內。

集合時間到了，但我還在路上，我覺得很(　　　　)。

要如廁，但找不到廁所，我覺得很(　　　　)。

※請寫出一個相似情緒的情境。

情緒猜謎 38

今天是　　月　　日

※請根據以上兩個情境與圖片，想出適切的情緒語詞填入格子內。

考試鐘聲響起，但我還沒寫完，我覺得很(　　　　　)。

明天就要考試了，但我還沒讀完，我覺得很(　　　　　)。

※請寫出一個相似情緒的情境。

今天是　　月　　日

※請根據以上兩個情境與圖片，想出適切的情緒語詞填入格子內。

心愛的寵物過世了，我覺得很(　　　　　　)。

好朋友誤會我，我覺得很(　　　　　　)。

※請寫出一個相似情緒的情境。

今天是　　月　　日

※請根據以上兩個情境與圖片，想出適切的情緒語詞填入格子內。

想買的玩具缺貨買不到，我覺得很(　　　　)。

新衣服被食物弄髒洗也洗不掉，我覺得很(　　　　)。

※請寫出一個相似情緒的情境。

情緒猜謎 41

今天是　　月　　日

※請根據以上兩個情境與圖片，想出適切的情緒語詞填入格子內。

數學算了十幾次還是錯，我覺得很(　　　　　)。

遇到困難找不到人幫忙，我覺得很(　　　　　)。

※請寫出一個相似情緒的情境。

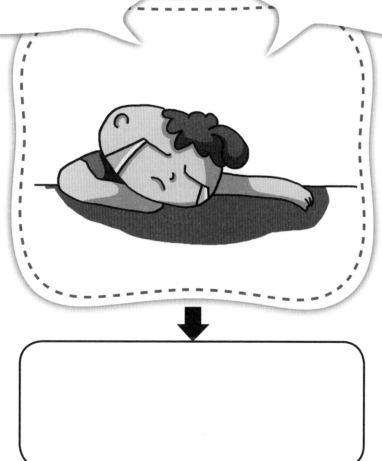

今天是　月　日

※請根據以上兩個情境與圖片，想出適切的情緒語詞填入格子內。

買彩券差一個號碼中獎，我覺得很(　　　　　)。

全家出遊的計畫因為颱風天取消，我覺得很(　　　　　)。

※請寫出一個相似情緒的情境。

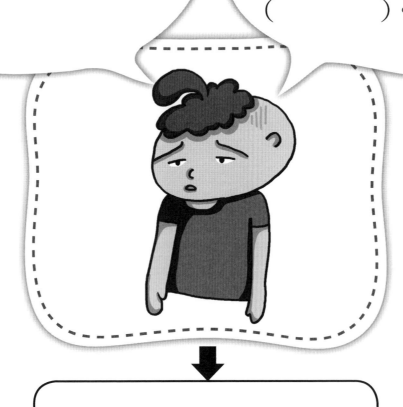

今天是　　月　　日

※請根據以上兩個情境與圖片，想出適切的情緒語詞填入格子內。

努力了很久，但還是考不好，我覺得很(　　　　　)。

小組討論時，我的意見都不被採納，我覺得很(　　　　　)。

※請寫出一個相似情緒的情境。

今天是　月　日

※請根據以上兩個情境與圖片，想出適切的情緒語詞填入格子內。

新同學來跟我說話，我覺得很(　　　　)。

媽媽在鄰居面前稱讚我，我覺得很(　　　　)。

※請寫出一個相似情緒的情境。

今天是　　月　　日

※請根據以上兩個情境與圖片，想出適切的情緒語詞填入格子內。

叫錯別人的名字，我覺得很(　　　　　)。

出門發現兩隻襪子穿的不一樣，我覺得很(　　　　　)。

※請寫出一個相似情緒的情境。

情緒猜謎 46

今天是　　月　　日

※請根據以上兩個情境與圖片，想出適切的情緒語詞填入格子內。

對於球類運動不擅長，我覺得很(　　　　　)。

考試常常考不好，我覺得很(　　　　　)。

※請寫出一個相似情緒的情境。

今天是　月　日

※請根據以上兩個情境與圖片，想出適切的情緒語詞填入格子內。

好友生病，沒有一起參加校外教學，我覺得很(　　　　)。

爸爸要加班，不能跟我們一起去吃牛排，我覺得很(　　　　)。

※請寫出一個相似情緒的情境。

今天是　　月　　日

※請根據以上兩個情境與圖片，想出適切的情緒語詞填入格子內。

被老師發現我的作文還沒寫，我覺得很(　　　　　)。

看到新聞中十歲的小孩要照顧生病的父親，而我只是整天玩電動，我覺得很(　　　　　)。

※請寫出一個相似情緒的情境。

今天是　　月　　日

※請根據以上兩個情境與圖片，想出適切的情緒語詞填入格子內。

因為生氣而推了弟弟一下，害他跌倒受傷，我覺得很(　　　　)。

沒聽勸告，在家裡玩球而打破了奶奶的花瓶，我覺得很(　　　　)。

※請寫出一個相似情緒的情境。

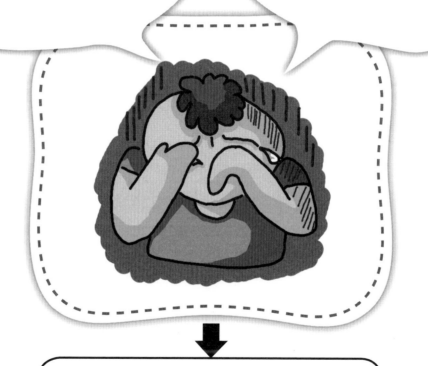

情緒猜謎 50

今天是　　月　　日

※請根據以上兩個情境與圖片，想出適切的情緒語詞填入格子內。

同學因為輸球而怪罪我，我覺得很(　　　　)。

被別人誤以為玻璃是我打破的，我覺得很(　　　　)。

※請寫出一個相似情緒的情境。

今天是　　月　　日

※請根據以上兩個情境與圖片，想出適切的情緒語詞填入格子內。

颱風過後，掃了一堆落葉，我覺得很(　　　　　)。

跑了五圈操場，我覺得很(　　　　　)。

※請寫出一個相似情緒的情境。

情緒猜謎 52

今天是　月　日

※請根據以上兩個情境與圖片，想出適切的情緒語詞填入格子內。

下雨天，被汽車濺起的水花噴到，我覺得很(　　　　)。

外面下大雨不能出去玩，我覺得很(　　　　)。

※請寫出一個相似情緒的情境。

今天是　　月　　日

※請根據以上兩個情境與圖片，想出適切的情緒語詞填入格子內。

同學上課一直說話，我覺得很(　　　　)。

爸媽答應我的事沒做到，我覺得很(　　　　)。

※請寫出一個相似情緒的情境。

今天是　　月　　日

※請根據以上兩個情境與圖片，想出適切的情緒語詞填入格子內。

我最喜歡的筆不小心被別人踩壞了，我覺得很（　　　　）。

同學嘲笑我，我覺得很（　　　　）。

※請寫出一個相似情緒的情境。

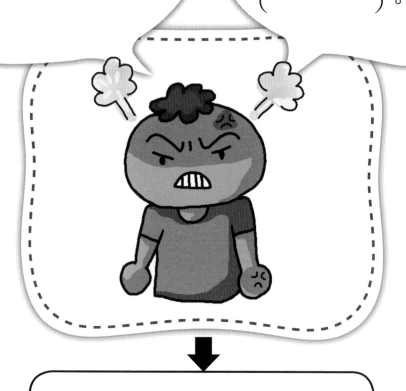

今天是　　月　　日

※請根據以上兩個情境與圖片，想出適切的情緒語詞填入格子內。

排隊時被推擠，我覺得很(　　　　　)。

同學罵我髒話，我覺得很(　　　　　)。

※請寫出一個相似情緒的情境。

今天是　月　日

※請根據以上兩個情境與圖片，想出適切的情緒語詞填入格子內。

暑假整天在家，不能跟同學玩，我覺得很(　　　　)。

媽媽昨天帶我去參加她跟朋友的聚會，我覺得很(　　　　)。

※請寫出一個相似情緒的情境。

今天是　月　日

※請根據以上兩個情境與圖片，想出適切的情緒語詞填入格子內。

下課時，只有我一個人在校園散步，我覺得很(　　　　)。

全家人都去逛夜市，只有我待在家，我覺得很(　　　　)。

※請寫出一個相似情緒的情境。

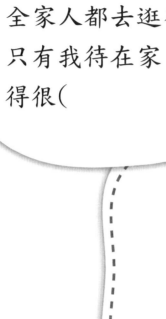

情緒猜謎

58

今天是　月　日

※請根據以上兩個情境與圖片，想出適切的情緒語詞填入格子內。

我親愛的妹妹受傷了，我覺得很(　　　　)。

我心愛的玩具壞了，我覺得很(　　　　)。

※請寫出一個相似情緒的情境。

情緒猜謎 59

今天是　　月　　日

※請根據以上兩個情境與圖片，想出適切的情緒語詞填入格子內。

一隻小黑熊跟媽媽分開了，我覺得很（　　　　）。

那個小妹妹因為車禍而失去了父母，我覺得很（　　　　）。

※請寫出一個相似情緒的情境。

情緒猜謎 60

今天是　　月　　日

※請根據以上兩個情境與圖片，想出適切的情緒語詞填入格子內。

看到她長得比我漂亮，
我覺得很(　　　　　)。

爸爸只買禮物給弟弟，
我覺得很(　　　　　)。

※請寫出一個相似情緒的情境。

自我情緒與互利情境

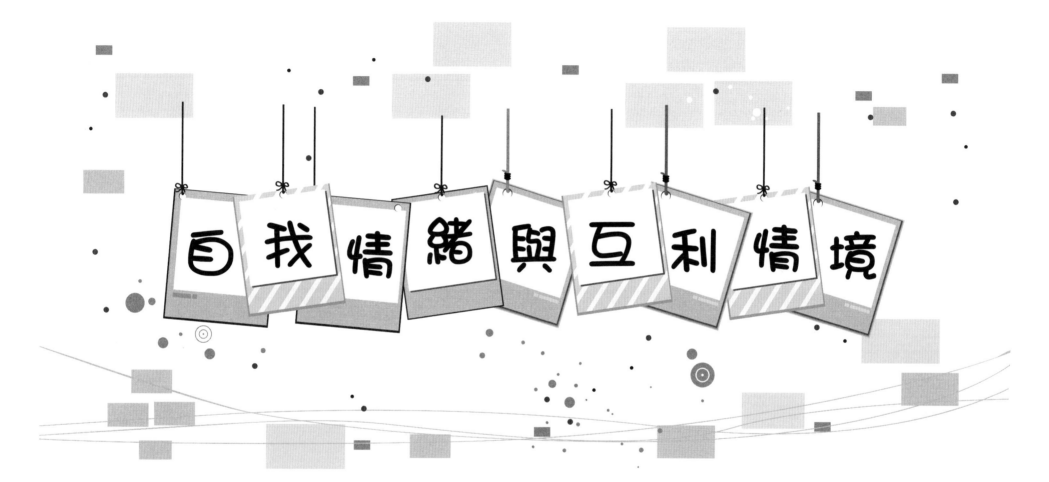

自我情緒與互利情境 範例

今天是　月　日

※我會適當的處理【沮喪】的情緒

◎情境一：

當我的作品被他人批評時，我會覺得很【沮喪】。

作法

我會私下去找他問問具體建議。

結果

也許他會有更好的建議。

結果檢核	
利己	♥
利人	♡

◎情境二：

當我沒有得到有獎徵答的機會時，我會覺得很【沮喪】。

作法

我會安慰我自己，下次再努力就好。

結果

別人不知道我沮喪的心情，可能會拿獎品來向我炫耀。

結果檢核	
利己	♡
利人	♥

◎情境三：

心愛的玩具被朋友弄壞了，我會覺得很【沮喪】。

作法

假裝不在意，事後找爸爸幫忙修理。

結果

爸爸可能修不好。那就只好找媽媽再買一個新的。

結果檢核	
利己	♥
利人	♥

自我情緒與互利情境 1

今天是　　月　　日

※我會適當的處理【不安】的情緒

◎情境一：

當我們參加的比賽落後時，
我會感覺到很【不安】。

作法

結果

結果檢核	
利己	♡
利人	♡

◎情境二：

當我遲到被登記時，
我會感覺到很【不安】。

作法

結果

結果檢核	
利己	♡
利人	♡

◎情境三：

作法

結果

結果檢核	
利己	♡
利人	♡

自我情緒與互利情境 2

今天是　　月　　日

※我會適當的處理【害怕】的情緒

◎情境一：

當老師請我叫家人來學校的時候，我會覺得很【害怕】。

作法

結果

結果檢核	
利己	♡
利人	♡

◎情境二：

當我下課一個人在教室時，我會覺得很【害怕】。

作法

結果

結果檢核	
利己	♡
利人	♡

◎情境三：

作法

結果

結果檢核	
利己	♡
利人	♡

自我情緒與互利情境 3

今天是　月　日

※我會適當的處理【恐懼】的情緒

◎情境一：

當我上臺示範動作時，我會覺得很【恐懼】。

作法

結果

結果檢核	
利己	♡
利人	♡

◎情境二：

上課中，突然發生地震時，我會覺得很【恐懼】。

作法

結果

結果檢核	
利己	♡
利人	♡

◎情境三：

作法

結果

結果檢核	
利己	♡
利人	♡

自我情緒與互利情境 4

今天是　　月　　日

※我會適當的處理【緊張】的情緒

◎情境一：

當爸媽到學校看我上臺表演時，我會覺得很【緊張】。

作法

結果

結果檢核	
利己	♡
利人	♡

◎情境二：

當我跟喜歡的人分到同一組時，我會覺得很【緊張】。

作法

結果

結果檢核	
利己	♡
利人	♡

◎情境三：

作法

結果

結果檢核	
利己	♡
利人	♡

自我情緒與互利情境 5

今天是　月　日

※我會適當的處理【擔心】的情緒

◎情境一：

當爸爸很晚還沒回家時，我會覺得很【擔心】。

作法

結果

結果檢核

結果檢核	
利己	♡
利人	♡

◎情境二：

當我忘記帶作業回家時，我會覺得很【擔心】。

作法

結果

結果檢核	
利己	♡
利人	♡

◎情境三：

作法

結果

結果檢核	
利己	♡
利人	♡

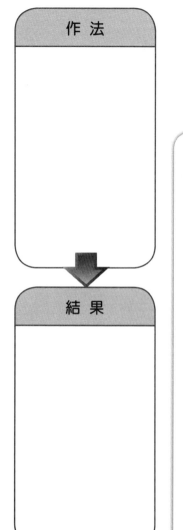

自我情緒與互利情境 6

今天是　　月　　日

※我會適當的處理【煩惱】的情緒

◎情境一：

當我發現自己的褲子有破洞時，我會覺得很【煩惱】。

作法

結果

結果檢核	
利己	♡
利人	♡

◎情境二：

當我的錢包不見時，我會覺得很【煩惱】。

作法

結果

結果檢核	
利己	♡
利人	♡

◎情境三：

作法

結果

結果檢核	
利己	♡
利人	♡

自我情緒與互利情境 7

今天是　月　日

※我會適當的處理【著急】的情緒

◎情境一：

當我上學快要遲到時，
我會覺得很【著急】。

作法

結果

結果檢核	
利己	♡
利人	♡

◎情境二：

當我發現廁所裡沒有衛生紙時，
我會覺得很【著急】。

作法

結果

結果檢核	
利己	♡
利人	♡

◎情境三：

作法

結果

結果檢核	
利己	♡
利人	♡

自我情緒與互利情境 8

今天是　月　日

※我會適當的處理【焦慮】的情緒

◎情境一：

當我發現作業忘了帶時，我會覺得很【焦慮】。

作法

結果

結果檢核	
利己	♡
利人	♡

◎情境二：

當我在打掃時發現地上有大便時，我會覺得很【焦慮】。

作法

結果

結果檢核	
利己	♡
利人	♡

◎情境三：

作法

結果

結果檢核	
利己	♡
利人	♡

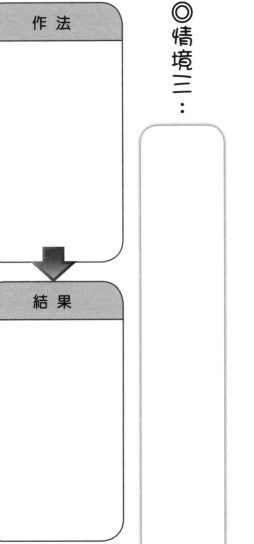

自我情緒與互利情境9

今天是　　月　　日

※我會適當的處理【難過】的情緒

◎情境一：

當我的好朋友誤會我時，我會覺得很【難過】。

作法

結果

結果檢核

利己	♡
利人	♡

◎情境二：

當我心愛的寵物過世時，我會覺得很【難過】。

作法

結果

結果檢核

利己	♡
利人	♡

◎情境三：

作法

結果

結果檢核

利己	♡
利人	♡

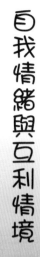

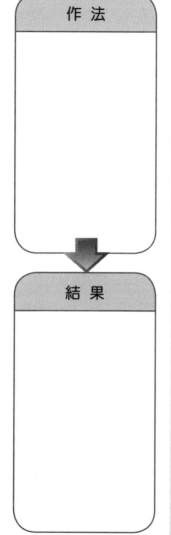

自我情緒與互利情境 10

今天是　月　日

※我會適當的處理【無奈】的情緒

◎情境一：

當新衣服被食物弄髒洗也洗不掉時，我會覺得很【無奈】。

作法

結果

結果檢核	
利己	♡
利人	♡

◎情境二：

當想買的玩具缺貨買不到時，我會覺得很【無奈】。

作法

結果

結果檢核	
利己	♡
利人	♡

◎情境三：

作法

結果

結果檢核	
利己	♡
利人	♡

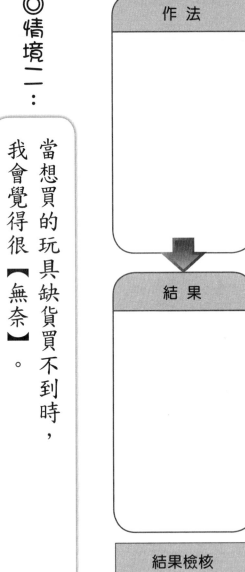

自我情緒與互利情境 11

今天是　月　日

※我會適當的處理【無助】的情緒

◎情境一：

當我遇到困難找不到人幫忙時，
我會覺得很【無助】。

作法

結果

結果檢核	
利己	♡
利人	♡

◎情境二：

當數學算了十幾次還是錯時，
我會覺得很【無助】。

作法

結果

結果檢核	
利己	♡
利人	♡

◎情境三：

作法

結果

結果檢核	
利己	♡
利人	♡

自我情緒與互利情境 12

今天是　　月　　日

※我會適當的處理【失望】的情緒

◎情境一：

當全家出遊計畫因為颱風取消時，我會覺得很【失望】。

作法

結果

結果檢核	
利己	♡
利人	♡

◎情境二：

當彩券沒有中時，我會覺得很【失望】。

作法

結果

結果檢核	
利己	♡
利人	♡

◎情境三：

作法

結果

結果檢核	
利己	♡
利人	♡

自我情緒與互利情境 13

今天是　月　日

※我會適當的處理【沮喪】的情緒

◎情境一：

當我的意見都不被採納時，我會覺得很【沮喪】。

作法

結果

結果檢核	
利己	♡
利人	♡

◎情境二：

當我努力了很久，但還是考不好時，我會覺得很【沮喪】。

作法

結果

結果檢核	
利己	♡
利人	♡

◎情境三：

作法

結果

結果檢核	
利己	♡
利人	♡

自我情緒與互利情境 14

今天是　　月　　日

※我會適當的處理【害羞】的情緒

◎情境一：

當新同學來跟我說話時，我會覺得很【害羞】。

作法

結果

結果檢核	
利己	♡
利人	♡

◎情境二：

當媽媽在鄰居面前稱讚我時，我會覺得很【害羞】。

作法

結果

結果檢核	
利己	♡
利人	♡

◎情境三：

作法

結果

結果檢核	
利己	♡
利人	♡

自我情緒與互利情境 15

今天是　月　日

※我會適當的處理【尷尬】的情緒

◎情境一：

當出門發現兩隻襪子穿的不一樣時，我會覺得很【尷尬】。

作法

結果

結果檢核	
利己	♡
利人	♡

◎情境二：

當我叫錯別人的名字時，我會覺得很【尷尬】。

作法

結果

結果檢核	
利己	♡
利人	♡

◎情境三：

作法

結果

結果檢核	
利己	♡
利人	♡

自我情緒與互利情境 16

今天是　月　日

※我會適當的處理【自卑】的情緒

◎情境一：

在全班同學中，我的個子最嬌小，我會覺得很【自卑】。

作法

結果

結果檢核	
利己	♡
利人	♡

◎情境二：

當運動會的短跑賽，我跑最後一名時，我會覺得很【自卑】。

作法

結果

結果檢核	
利己	♡
利人	♡

◎情境三：

作法

結果

結果檢核	
利己	♡
利人	♡

自我情緒與互利情境17

今天是　　月　　日

※我會適當的處理【可惜】的情緒

◎情境一：

當我好不容易約朋友要去逛街，爸媽卻突然要我幫忙而不能赴約時，我會覺得很【可惜】。

作法

結果

結果檢核

利己	♡
利人	♡

◎情境二：

當比賽前因為腳扭傷而不能出賽時，我會覺得很【可惜】。

作法

結果

結果檢核

利己	♡
利人	♡

◎情境三：

作法

結果

結果檢核

利己	♡
利人	♡

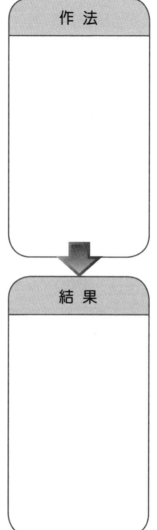

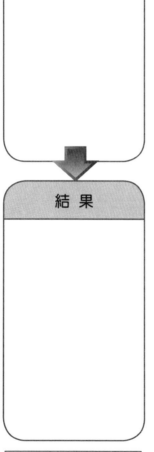

自我情緒與互利情境 18

今天是　月　日

※我會適當的處理【慚愧】的情緒

◎情境一：

當遲到被老師提醒時，我會覺得很【慚愧】。

作法

結果

結果檢核	
利己	♡
利人	♡

◎情境二：

當看到新聞中十歲的小孩要照顧生病的父親，而我只是整天玩電動時，我會覺得很【慚愧】。

作法

結果

結果檢核	
利己	♡
利人	♡

◎情境三：

作法

結果

結果檢核	
利己	♡
利人	♡

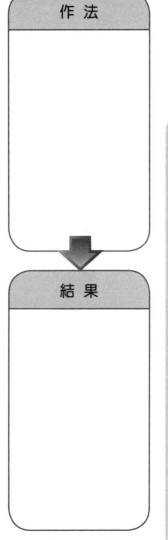

自我情緒與互利情境 19

今天是　月　日

※我會適當的處理【後悔】的情緒

◎情境一：

因為沒聽勸告，在家裡玩球而打破花瓶，
我會覺得很【後悔】。

作法

結果

結果檢核	
利己	♡
利人	♡

◎情境二：

因為生氣而推弟弟，害他跌倒受傷，
我會覺得很【後悔】。

作法

結果

結果檢核	
利己	♡
利人	♡

◎情境三：

作法

結果

結果檢核	
利己	♡
利人	♡

自我情緒與互利情境20

今天是　　月　　日

※我會適當的處理【委屈】的情緒

◎情境一：

當被家人誤以為玻璃是我打破時，我會覺得很【委屈】。

作法

結果

結果檢核	
利己	♡
利人	♡

◎情境二：

當同學因為輸球而怪罪於我時，我會覺得很【委屈】。

作法

結果

結果檢核	
利己	♡
利人	♡

◎情境三：

作法

結果

結果檢核	
利己	♡
利人	♡

自我情緒與互利情境 21

今天是　　月　　日

※我會適當的處理【疲倦】的情緒

◎情境一：

當颱風過後，掃了一堆落葉時，我會覺得很【疲倦】。

作法

結果

結果檢核	
利己	♡
利人	♡

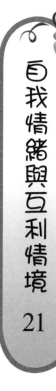

◎情境二：

在跑了十圈操場後，我會覺得很【疲倦】。

作法

結果

結果檢核	
利己	♡
利人	♡

◎情境三：

作法

結果

結果檢核	
利己	♡
利人	♡

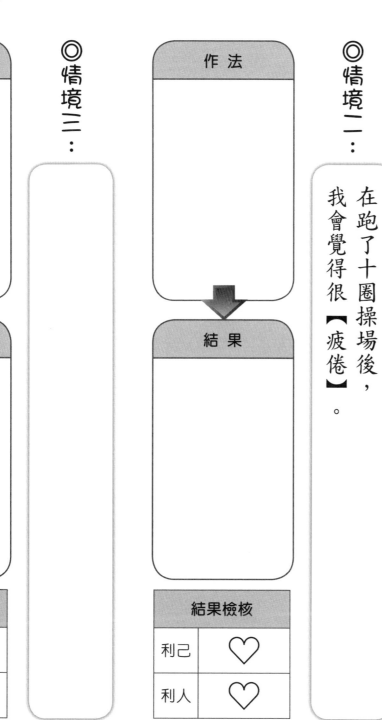

自我情緒與互利情境22

今天是　月　日

※我會適當的處理【討厭】的情緒

◎情境一：

當下雨天被汽車濺起的水花噴到時，我會覺得很【討厭】。

作法

結果

結果檢核	
利己	♡
利人	♡

◎情境二：

當外面下大雨而不能出去玩時，我會覺得很【討厭】。

作法

結果

結果檢核	
利己	♡
利人	♡

◎情境三：

作法

結果

結果檢核	
利己	♡
利人	♡

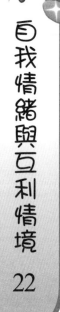

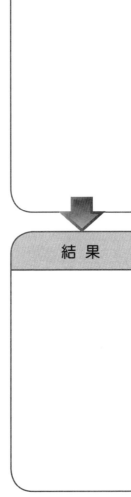

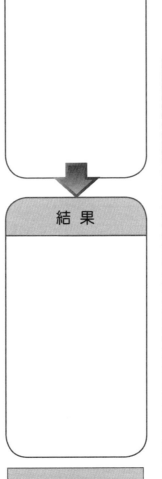

自我情緒與互利情境 23

今天是　　月　　日

※我會適當的處理【不滿】的情緒

◎情境一：

當我最喜歡的筆不小心被別人踩壞時，
我會覺得很【不滿】。

作法

結果

結果檢核	
利己	♡
利人	♡

◎情境二：

當爸媽答應我的事沒做到時，
我會覺得很【不滿】。

作法

結果

結果檢核	
利己	♡
利人	♡

◎情境三：

作法

結果

結果檢核	
利己	♡
利人	♡

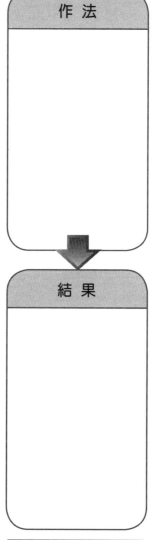

自我情緒與互利情境 24

今天是　月　日

※我會適當的處理【生氣】的情緒

◎情境一：

當別人沒經過我的同意就拿走我的東西時，我會覺得很【生氣】。

作法

結果

結果檢核

利己	♡
利人	♡

◎情境二：

當排隊被插隊時，我會覺得很【生氣】。

作法

結果

結果檢核

利己	♡
利人	♡

◎情境三：

作法

結果

結果檢核

利己	♡
利人	♡

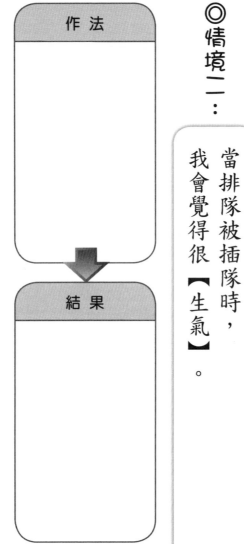

自我情緒與互利情境 25

今天是　月　日

※我會適當的處理【憤怒】的情緒

◎情境一：

當我被誤會偷東西時，
我會覺得很【憤怒】。

作法

結果

結果檢核	
利己	♡
利人	♡

◎情境二：

當弟弟把我最愛的遙控汽車摔壞時，
我會覺得很【憤怒】。

作法

結果

結果檢核	
利己	♡
利人	♡

◎情境三：

作法

結果

結果檢核	
利己	♡
利人	♡

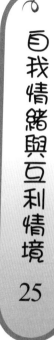

自我情緒與互利情境 26

今天是　　月　　日

※我會適當的處理【無聊】的情緒

◎情境一：

當媽媽帶我去參加她朋友的聚會時，我會覺得很【無聊】。

作法

結果

結果檢核	
利己	♡
利人	♡

◎情境二：

當晚上停電，什麼事都不能做時，我會覺得很【無聊】。

作法

結果

結果檢核	
利己	♡
利人	♡

◎情境三：

作法

結果

結果檢核	
利己	♡
利人	♡

自我情緒與互利情境 27

今天是　　月　　日

※我會適當的處理【寂寞】的情緒

◎情境一：

當爸媽要加班，只有我一個人在家時，我會覺得很【寂寞】。

作法

結果

結果檢核	
利己	♡
利人	♡

◎情境二：

當下課沒有同學陪我玩時，我會覺得很【寂寞】。

作法

結果

結果檢核	
利己	♡
利人	♡

◎情境三：

作法

結果

結果檢核	
利己	♡
利人	♡

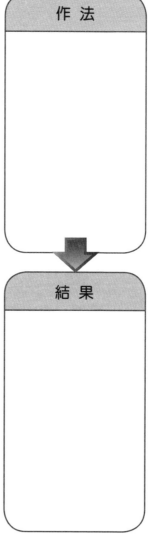

自我情緒與互利情境 28

今天是　　月　　日

※我會適當的處理【心疼】的情緒

◎情境一：

當我心愛的玩具壞了，我會覺得很【心疼】。

作法

結果

結果檢核	
利己	♡
利人	♡

◎情境二：

當家人生病時，我會覺得很【心疼】。

作法

結果

結果檢核	
利己	♡
利人	♡

◎情境三：

作法

結果

結果檢核	
利己	♡
利人	♡

自我情緒與互利情境 29

今天是　月　日

※我會適當的處理【可憐】的情緒

◎情境一：

當我看到路上的流浪動物時，
我會覺得很【可憐】。

作法

結果

結果檢核	
利己	♡
利人	♡

◎情境二：

當我看到海洋生物因吃下大量塑膠而死亡時，
我會覺得很【可憐】。

作法

結果

結果檢核	
利己	♡
利人	♡

◎情境三：

作法

結果

結果檢核	
利己	♡
利人	♡

自我情緒與互利情境30

今天是　　月　　日

※我會適當的處理【嫉妒】的情緒

◎情境一：

當我看到班上的同學被老師稱讚時，我會覺得很【嫉妒】。

作法

結果

結果檢核	
利己	♡
利人	♡

◎情境二：

當爸爸都只稱讚哥哥時，我會覺得很【嫉妒】。

作法

結果

結果檢核	
利己	♡
利人	♡

◎情境三：

作法

結果

結果檢核	
利己	♡
利人	♡

提示想選猜做

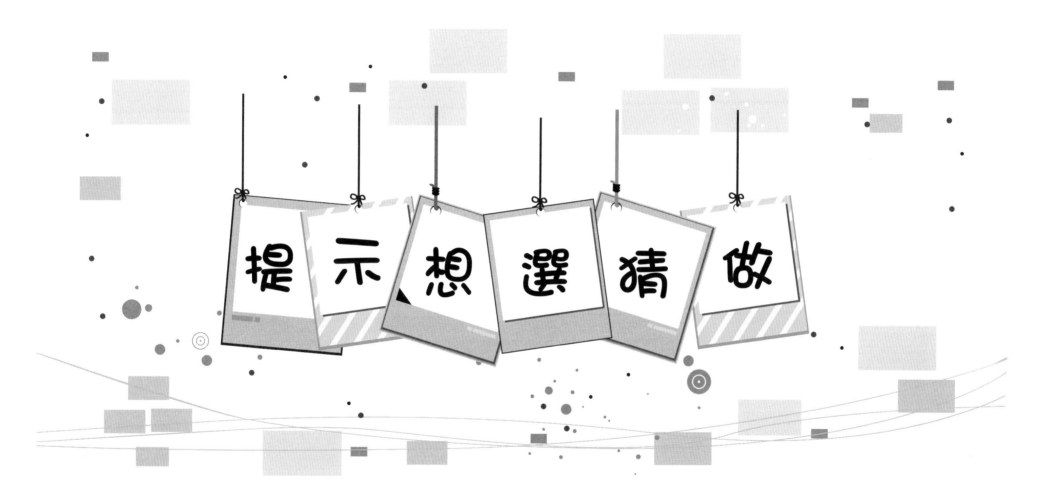

提示想選猜做 範例

今天是 月 日

1 想 想一想

當我的作品受到批評時，我會……

不理會

找他問清楚

做別的事

詢問其他人的意見

改進它

其他：

2 選 選方法

我會私下問一問那位批評的人，我的作品是否有需要改進的地方。

3 猜 猜結果

自己預測的結果	他會跟我說我不足的地方與需要改進的地方。
他人預測的結果	他不見得會誠實的跟你說，有可能一問他，他就閉嘴不講了。

4 做 做做看

我決定怎麼做

我決定去問問他具體的批評內容。

我覺得我可以得

10 分

提示想選猜做 1

今天是　月　日

1 想 想一想

當我們參加的比賽落敗時，我會……

忘記它	改進自己的缺點	難過大哭	罵隊友	非常氣憤	其他：

2 選 選方法

3 猜 猜結果

自己預測的結果	
他人預測的結果	

4 做 做做看

我決定怎麼做

我覺得我可以得　分

提示想選猜做 2

今天是 月 日

1 想 想一想

當老師請我幫忙時，我會……

假裝想上廁所

找同學一起做

隨便做做

趕快跑開

非常盡力的完成

其他：

2 選 選方法

3 猜 猜結果

自己預測的結果	
他人預測的結果	

4 做 做做看

我決定怎麼做

我覺得我可以得

分

提示想選猜做 3

今天是 月 日

1 想 想一想

當下課沒人找我玩時，我會……

去合作社

自己看書

趴在桌上睡一下

去找老師問問題

寫功課

其他：

2 選 選方法

3 猜 猜結果

自己預測的結果	
他人預測的結果	

4 做 做做看

我決定怎麼做

我覺得我可以得 分

提示想選猜做 4

今天是 月 日

1 想 想一想

當看到同學拿出新玩具時，我會……

存錢去買	很想要借來玩	回家叫爸爸幫我買	偷拿來玩	偷走藏起來	其他：

2 選 選方法

3 猜 猜結果

自己預測的結果	
他人預測的結果	

4 做 做做看

我決定怎麼做

我覺得我可以得

分

提示想選猜做 5

今天是　月　日

1 想 想一想

當同學把我的東西修好時，我會……

更愛惜它	請他喝飲料	常找他幫忙	馬上忘記	向同學鞠躬道謝	其他：

2 選 選方法

3 猜 猜結果

自己預測的結果	
他人預測的結果	

4 做 做做看

我決定怎麼做

我覺得我可以得　分

1 想 想一想

當知道同學偷偷準備幫我慶生時，
我會……

感動而掉眼淚	故作生氣	逃離現場	非常開心等慶生會	準備小禮物送同學	其他：

2 選 選方法

3 猜 猜結果

自己預測的結果	
他人預測的結果	

4 做 做做看

我決定怎麼做

我覺得我可以得

分

提示想選猜做 6

今天是 月 日

提示想選猜做 7

今天是　月　日

1 想 想一想

當遲到沒吃早餐時，我會……

乾脆不進教室	找時間吃完	跟老師說明原因	反省自己晚起	生氣的罵人

其他：

2 選 選方法

3 猜 猜結果

自己預測的結果	
他人預測的結果	

4 做 做做看

我決定怎麼做

我覺得我可以得　分

提示想選猜做 8

今天是　月　日

1 想 想一想

當爸媽到學校參加班親會時，
我會……

做別的事情

開心迎接爸媽

寫自己的作業

把座位整理好

假裝生病

其他：

2 選 選方法

3 猜 猜結果

自己預測的結果	
他人預測的結果	

4 做 做做看

我決定怎麼做

我覺得我可以得

分

提示想選猜做 9

今天是　月　日

1 想 想一想

當作業忘了帶回家時，我會……

不在意	隔天早點去學校寫	請爸媽帶我去拿	不敢去學校	提醒自己下次注意

其他：

2 選 選方法

3 猜 猜結果

自己預測的結果	
他人預測的結果	

4 做 做做看

我決定怎麼做

我覺得我可以得　分

提示想選猜做 10

今天是　月　日

1 想 想一想

當上臺表演時，我會……

打混過去	很興奮完成	躲在隊伍最後面	邀請家人來看	手忙腳亂	其他：

2 選 選方法

3 猜 猜結果

自己預測的結果	
他人預測的結果	

4 做 做做看

我決定怎麼做

我覺得我可以得　分

1 想 想一想

當頑皮的同學拿毛毛蟲嚇我時，
我會……

生氣的罵人	不在意的離開	想辦法捉弄回去	衝過去打人	跟老師報告	其他：

2 選 選方法

3 猜 猜結果

自己預測的結果	
他人預測的結果	

今天是　　月　　日

4 做 做做看

我決定怎麼做

我覺得我可以得

分

提示想選猜做 12

今天是　　月　　日

1 想 想一想

當同學上課一直講話時，我會……

叫他安靜	舉手跟老師說	偷偷記錄講話次數	焦慮沒有聽到重點	專心做自己的事

其他：

2 選 選方法

3 猜 猜結果

自己預測的結果	
他人預測的結果	

4 做 做做看

我決定怎麼做

我覺得我可以得

分

提示想選猜做 13

今天是 月 日

1 想 想一想

當上課中突然地震時，我會……

趕快跑出教室	拿課本放頭上	冷靜的等老師指揮	興奮的尖叫	開始擔心房子倒塌

其他：

2 選 選方法

3 猜 猜結果

自己預測的結果	
他人預測的結果	

4 做 做做看

我決定怎麼做

我覺得我可以得

分

提示想選猜做 14

1 想 想一想

當莫名其妙的被推舉為班級幹部時，
我會……

努力完成任務	感謝同學推舉	不想跟同學說話	想辦法害同學被罵	生氣的大哭	其他：

2 選 選方法

3 猜 猜結果

自己預測的結果	
他人預測的結果	

4 做 做做看

我決定怎麼做

我覺得我可以得

分

今天是 月 日

提示想選猜做 15

1 想 想一想

當跟喜歡的人分在同一組時，
我會……

- 興奮的跳起來
- 假裝不在意
- 努力完成任務
- 很容易做錯事
- 表現得很生氣
- 其他：

2 選 選方法

3 猜 猜結果

自己預測的結果	
他人預測的結果	

4 做 做做看

我決定怎麼做

我覺得我可以得

分

今天是 月 日

提示想選猜做 16

今天是　月　日

1 想 想一想

當同學突然大聲叫我討厭的綽號時，我會……

請他不要這樣叫我	請他叫我的名字	不理他	生氣罵他	難過大哭	其他：

2 選 選方法

3 猜 猜結果

自己預測的結果	
他人預測的結果	

4 做 做做看

我決定怎麼做

我覺得我可以得　分

提示想選猜做 17

今天是　　月　　日

1 想一想

當打掃時間大家都不掃時，我會……

跟著一起不掃

很認份的打掃

報告老師

指使他們打掃

邊打掃邊碎碎念

其他：

2 選方法

3 猜結果

自己預測的結果	
他人預測的結果	

4 做做看

我決定怎麼做

我覺得我可以得　　分

提示想選猜做 18

今天是 月 日

1 想 想一想

當我發現比賽得獎時，我會……

買東西獎賞自己

跟朋友分享

覺得成績還不夠好

高興的大叫

到處炫耀

其他：

2 選 選方法

3 猜 猜結果

自己預測的結果	
他人預測的結果	

4 做 做做看

我決定怎麼做

我覺得我可以得 分

1 想 想一想

當到了學校之後，卻發現作業忘記帶時，我會……

- 直接跟老師說
- 等老師發現再說
- 請家人幫我送來
- 罵自己粗心
- 直接大哭
- 其他：

2 選 選方法

3 猜 猜結果

自己預測的結果	
他人預測的結果	

4 做 做做看

我決定怎麼做

我覺得我可以得　　分

今天是　　月　　日

提示想選猜做 20

今天是 月 日

1 想 想一想

當我跟同學打球，被同學嘲笑時，
我會……

更努力表現

生氣罵他

不傳球給他

故意撞他

請他不要嘲笑別人

其他：

2 選 選方法

3 猜 猜結果

自己預測的結果	
他人預測的結果	

4 做 做做看

我決定怎麼做

我覺得我可以得 分

提示想選猜做 21

今天是　月　日

1 想 想一想

當我正在房間換衣服，媽媽突然開門進來時，我會……

請她跟我道歉	生氣怒吼	大聲尖叫	請她下次要先敲門	記住下次要鎖門	其他：

2 選 選方法

3 猜 猜結果

自己預測的結果	
他人預測的結果	

4 做 做做看

我決定怎麼做

我覺得我可以得　分

提示想選猜做 22

今天是 月 日

1 想 想一想

當我不知道如何修理腳踏車時，
我會……

覺得自己很沒用	找幫手來幫忙	牽到腳踏車店去修	上網查資訊自己修	放著給別人處理	其他：

2 選 選方法

3 猜 猜結果

自己預測的結果	
他人預測的結果	

4 做 做做看

我決定怎麼做

我覺得我可以得 分

提示想選猜做 23

今天是 月 日

1 想 想一想

當全家人一起大掃除時，我會……

偷懶耍賴

盡快做完去幫別人

努力完成

覺得厭煩而碎碎念

監督別人做好沒

其他：

2 選 選方法

3 猜 猜結果

自己預測的結果	
他人預測的結果	

4 做 做做看

我決定怎麼做

我覺得我可以得

分

提示想選猜做 24

今天是 月 日

1 想 想一想

當爸媽冷戰時，我會……

努力當和事佬	等他們自己和好	壓力大到吃不下飯	罵他們為什麼不說話	找機會讓他們消氣

其他：

2 選 選方法

3 猜 猜結果

自己預測的結果	
他人預測的結果	

4 做 做做看

我決定怎麼做

我覺得我可以得

分

今天是　月　日

1 想 想一想

當家人發現我的祕密時，我會……

- 說謊
- 裝傻
- 請他們不要跟別人說
- 立刻跟他們說請楚
- 晚一點再告訴他們
- 其他：

2 選 選方法

3 猜 猜結果

自己預測的結果	
他人預測的結果	

4 做 做做看

我決定怎麼做

我覺得我可以得

分

提示想選猜做 26

1 想 想一想

當喜宴中，爸媽喝醉酒時，我會……

生氣的罵人	立刻帶他們回家	想辦法讓他們清醒	不理他們繼續吃	感覺很丟臉的離開	其他：

2 選 選方法

3 猜 猜結果

自己預測的結果	
他人預測的結果	

4 做 做做看

我決定怎麼做

我覺得我可以得 分

今天是 月 日

提示想選猜做 27

今天是 月 日

1 想 想一想

當家人生病，後來傳染給我時，
我會……

無奈的去看醫生

傳染回去

更注意傳染問題

怕自己再傳給別人

生氣的罵他

其他：

2 選 選方法

3 猜 猜結果

自己預測的結果	
他人預測的結果	

4 做 做做看

我決定怎麼做

我覺得我可以得

分

提示想選猜做 28

今天是　月　日

1 想 想一想

當爸爸很多天晚上沒跟我說話時，
我會……

主動跟他說話

害怕他是否生氣

觀察他的情緒

不跟他說話

擔心他遇到什麼事

其他：

2 選 選方法

3 猜 猜結果

自己預測的結果	
他人預測的結果	

4 做 做做看

我決定怎麼做

我覺得我可以得

分

1 想 想一想

當很晚了，媽媽還在講電話時，
我會……

慶幸可以晚睡	想知道她在聊什麼	覺得她不在乎我	告訴她已經很晚了	直接拿走她的手機

其他：

2 選 選方法

3 猜 猜結果

自己預測的結果	
他人預測的結果	

4 做 做做看

我決定怎麼做

我覺得我可以得 分

今天是 月 日

提示想選猜做 30

今天是　月　日

1 想 想一想

當爸媽終於讓我自己做決定時，
我會……

興奮的跳起來	覺得我長大了	謝謝他們的信任	不敢決定	害怕自己做不好

其他：

2 選 選方法

3 猜 猜結果

自己預測的結果	
他人預測的結果	

4 做 做做看

我決定怎麼做

我覺得我可以得　分

提示想選猜做 31

1 想 想一想

當爸媽不准我玩電動時，我會……

偷偷玩	跟爸媽討論	難過大哭	做其他的事	無理取鬧堅持要玩	其他：

2 選 選方法

3 猜 猜結果

自己預測的結果	
他人預測的結果	

4 做 做做看

我決定怎麼做

我覺得我可以得　　分

今天是　　月　　日

提示想選猜做 32

今天是 月 日

1 想 想一想

當出門的時候發現腳踏車不見時，
我會……

趕快報警

叫爸媽再買一台

不見就算了

去跟鄰居借車

四處找找

其他：

2 選 選方法

3 猜 猜結果

自己預測的結果	
他人預測的結果	

4 做 做做看

我決定怎麼做

我覺得我可以得 分

提示想選猜做 33

1 想 想一想

當家人要我分擔家事時，我會……

盡力清掃乾淨

一邊做一邊抱怨

跟家人討論分工

拒絕分擔家事

大哭大鬧

其他：

2 選 選方法

3 猜 猜結果

自己預測的結果	
他人預測的結果	

4 做 做做看

我決定怎麼做

我覺得我可以得　　分

今天是　　月　　日

提示想選猜做 34

今天是 月 日

1 想 想一想

當別人對我惡作劇時，我會……

還手打他

跟他表達不舒服

跟老師或長輩求救

忍耐

跟好朋友抱怨

其他：

2 選 選方法

3 猜 猜結果

自己預測的結果	
他人預測的結果	

4 做 做做看

我決定怎麼做

我覺得我可以得

分

提示想選猜做 35

今天是　月　日

1 想 想一想

當做著自己不喜歡的事情時，
我會……

趕快認真做完

放著不做

轉念思考

請人幫忙

邊做邊發脾氣

其他：

2 選 選方法

3 猜 猜結果

自己預測的結果	
他人預測的結果	

4 做 做做看

我決定怎麼做

我覺得我可以得

分

今天是 月 日

1 想 想一想

當別人發現問題時，我會……

上網找方法

跟別人一起討論

一個人想方法

找幫手

隨便做做

其他：

2 選 選方法

3 猜 猜結果

自己預測的結果	
他人預測的結果	

4 做 做做看

我決定怎麼做

我覺得我可以得

分

提示想選猜做 37

今天是　月　日

1 想 想一想

當有人記得我的生日時，我會……

跟他要禮物	請他吃蛋糕	把他的生日記起來	說些感謝的話	擁抱他	其他：

2 選 選方法

3 猜 猜結果

自己預測的結果	
他人預測的結果	

4 做 做做看

我決定怎麼做

我覺得我可以得　分

提示想選猜做 38

今天是　月　日

1 想 想一想

當有人對我說別人的祕密時，
我會……

保守祕密

到處宣揚

寫在紙上

告訴好朋友

找當事人確認

其他：

2 選 選方法

3 猜 猜結果

自己預測的結果	
他人預測的結果	

4 做 做做看

我決定怎麼做

我覺得我可以得

分

提示想選猜做 39

今天是　月　日

1 想 想一想

當考試即將到來時，我會……

找同學一起念書

安排複習計畫

前一天再看書

什麼都不做

找爸媽幫我複習

其他：

2 選 選方法

3 猜 猜結果

自己預測的結果	
他人預測的結果	

4 做 做做看

我決定怎麼做

我覺得我可以得

分

提示想選猜做 40

1 想 想一想

當假期開始，準備安排旅遊時，
我會……

- 上網找資料
- 找旅行社
- 什麼都不做
- 參考旅遊書籍
- 叫同行的人規劃
- 其他：

2 選 選方法

3 猜 猜結果

自己預測的結果	
他人預測的結果	

4 做 做做看

我決定怎麼做

我覺得我可以得　　　分

今天是　　月　　日

1 想 想一想

當被誤會時，我會……

直接當面說清楚

不在意

覺得難過大哭一場

跟好朋友訴說

到處說對方壞話

其他：

提示想選猜做 41

2 選 選方法

3 猜 猜結果

自己預測的結果	
他人預測的結果	

4 做 做做看

我決定怎麼做

我覺得我可以得 分

今天是 月 日

提示想選猜做 42

今天是　月　日

1 想一想

當參加小組討論時，我會……

在旁邊發呆	認真參與討論	專心聆聽	打斷別人說話	要求大家聽我的

其他：

2 選方法

3 猜結果

自己預測的結果	
他人預測的結果	

4 做做看

我決定怎麼做

我覺得我可以得

分

1 想 想一想

當電影結束時，我會……

排隊離場

最後再離場

推擠離場

檢查隨身攜帶物品

清理周圍垃圾

其他：

2 選 選方法

3 猜 猜結果

自己預測的結果	
他人預測的結果	

4 做 做做看

我決定怎麼做

我覺得我可以得

分

今天是 月 日

提示想選猜做 44

今天是　　月　　日

1 想 想一想

當我收到別人給的建議時，我會……

拒絕接受

找朋友討論

馬上修正改進

再聽聽更多人的想法

把建議記下來

其他：

2 選 選方法

3 猜 猜結果

自己預測的結果	
他人預測的結果	

4 做 做做看

我決定怎麼做

我覺得我可以得　　分

提示想選猜做 45

1 想 想一想

當去山上露營時，我會……

- 幫忙搭帳篷和煮飯
- 躲在帳篷玩手機
- 享受大自然
- 黏在大人旁邊
- 一個人去探險
- 其他：

2 選 選方法

3 猜 猜結果

自己預測的結果	
他人預測的結果	

4 做 做做看

我決定怎麼做

我覺得我可以得　　分

今天是　　月　　日

提示想選猜做 46

今天是 月 日

1 想 想一想

當同學答應借我橡皮擦時，
我會………

擦完放著繼續用	搶過來擦	道謝後再拿來擦	一聲不響拿了就擦	擦完後還給他	其他：

2 選 選方法

3 猜 猜結果

自己預測的結果	
他人預測的結果	

4 做 做做看

我決定怎麼做

我覺得我可以得 分

1 想 想一想

當我的作品遭到破壞時，我會……

- 不理會
- 拿別人的作品
- 大哭
- 也破壞別人的作品
- 找老師幫忙
- 其他：

2 選 選方法

3 猜 猜結果

自己預測的結果	
他人預測的結果	

4 做 做做看

我決定怎麼做

我覺得我可以得 分

今天是 月 日

提示想選猜做 48

今天是　月　日

1 想 想一想

當過清明節時，我會……

一直哭

幫忙準備祭品

找朋友玩

一起去掃墓

在房間玩電動

其他：

2 選 選方法

3 猜 猜結果

自己預測的結果	
他人預測的結果	

4 做 做做看

我決定怎麼做

我覺得我可以得

分

1 想 想一想

當上完大號，發現忘記帶衛生紙時，
我會……

敲門，吸引別人注意	直接走出來	等家人來幫忙	大叫請別人幫忙	在裡面哭	其他：

2 選 選方法

3 猜 猜結果

自己預測的結果	
他人預測的結果	

4 做 做做看

我決定怎麼做

我覺得我可以得

分

今天是 月 日

提示想選猜做

50

今天是　　月　　日

1 想 想一想

當同學對我開玩笑時，我會……

不理他

覺得很好笑

原諒他

也開他玩笑

追打他

其他：

2 選 選方法

3 猜 猜結果

自己預測的結果	
他人預測的結果	

4 做 做做看

我決定怎麼做

我覺得我可以得

分

1 想 想一想

當排隊有人插隊時，我會……

大聲罵他	婉轉提醒他要排隊	把他擠出去	跟他說他插隊了	跑到他前面	其他：

2 選 選方法

3 猜 猜結果

自己預測的結果	
他人預測的結果	

4 做 做做看

我決定怎麼做

我覺得我可以得

分

今天是 月 日

1 想 想一想

當在圖書館看書，有人講手機時，
我會……

提醒他去外面講

大聲叫他不要講了

當作沒聽到

跟工作人員說

提醒他這是圖書館

其他：

2 選 選方法

3 猜 猜結果

自己預測的結果	
他人預測的結果	

4 做 做做看

我決定怎麼做

我覺得我可以得

分

今天是　月　日

提示想選猜做 53

1 想 想一想

當第一次一個人睡覺時，我會……

躲在棉被裡

覺得自己長大了

覺得無所謂

要求媽媽陪我

掉眼淚

其他：

2 選 選方法

3 猜 猜結果

自己預測的結果	
他人預測的結果	

4 做 做做看

我決定怎麼做

我覺得我可以得 分

今天是 月 日

提示想選猜做 54

今天是　　月　　日

1 想一想

當趕上公車，卻發現忘了帶錢時，我會……

- 繼續坐
- 跟別人借錢
- 按鈴再下車回去拿
- 請司機不要收錢
- 打電話請家人送來
- 其他：

2 選方法

3 猜結果

自己預測的結果	
他人預測的結果	

4 做做看

我決定怎麼做

我覺得我可以得　　分

提示想選猜做 55

今天是　月　日

1 想 想一想

當走在路上，看到有人跌倒時，
我會……

扶他起來

躲遠一點以免被撞

哈哈大笑

問他有沒有受傷

快速走開

其他：

2 選 選方法

3 猜 猜結果

自己預測的結果	
他人預測的結果	

4 做 做做看

我決定怎麼做

我覺得我可以得

分

提示想選猜做 56

今天是 月 日

1 想 想一想

當天氣很冷，但還是要洗碗時，
我會……

叫爸媽洗

趕快隨便洗一洗

戴手套洗

放著明天再洗

用溫水洗

其他：

2 選 選方法

3 猜 猜結果

自己預測的結果	
他人預測的結果	

4 做 做做看

我決定怎麼做

我覺得我可以得

分

提示想選猜做 57

今天是　　月　　日

1 想 想一想

當發現自己喜歡某一個人時，
我會……

跟大家說

默默欣賞對方

告訴對方

一直寫情書給對方

常常跟著對方

其他：

2 選 選方法

3 猜 猜結果

自己預測的結果	
他人預測的結果	

4 做 做做看

我決定怎麼做

我覺得我可以得　　分

提示想選猜做 58

1 想 想一想

當吃飯不小心打翻餐盤時，我會……

- 假裝不是我的，趕快走開
- 趕快撿起來
- 嚇得發抖
- 換位子坐
- 擦一擦
- 其他：

2 選 選方法

3 猜 猜結果

自己預測的結果	
他人預測的結果	

4 做 做做看

我決定怎麼做

我覺得我可以得

分

今天是 月 日

今天是　月　日

1 想 想一想

當惹爸媽生氣時，我會……

躲在房間

跟爸媽說對不起

不想說話

請爸媽原諒我

不理爸媽

其他：

2 選 選方法

3 猜 猜結果

自己預測的結果	
他人預測的結果	

4 做 做做看

我決定怎麼做

我覺得我可以得

分

提示想選猜做 60

今天是 月 日

1 想 想一想

當騎腳踏車，被汽車按喇叭時，
我會……

大聲罵對方	對他吐舌頭	再騎快一點	騎旁邊一點	停下來看	其他：

2 選 選方法

3 猜 猜結果

自己預測的結果	
他人預測的結果	

4 做 做做看

我決定怎麼做

我覺得我可以得

分

筆記欄

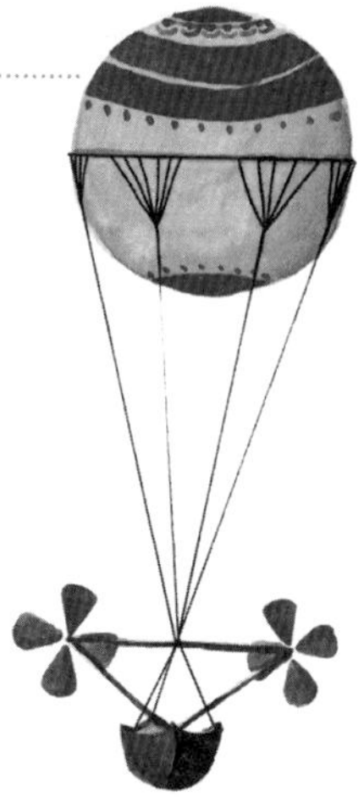

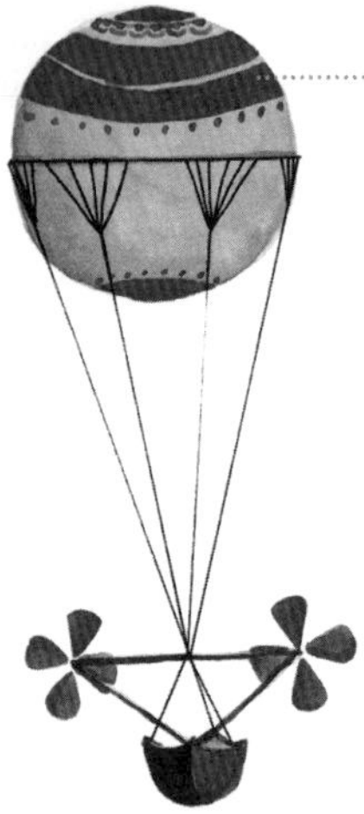

筆記欄

筆記欄

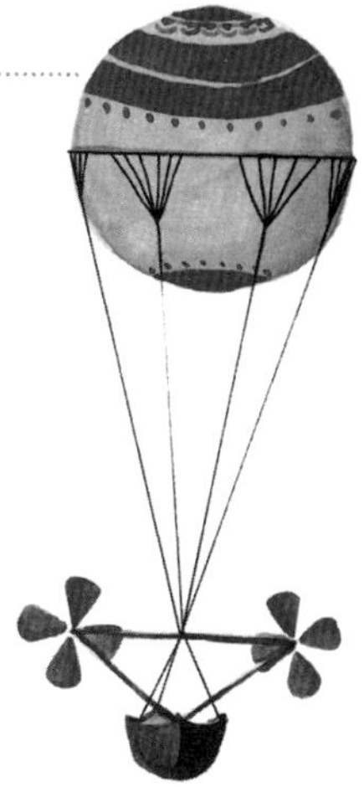

國家圖書館出版品預行編目（CIP）資料

心情特攻隊：我的心情遊戲書. 第二冊,
社交情境想選做 / 孟瑛如等著 -- 初版. –
新北市 : 心理, 2018.11
面 ;　公分. -- (桌上遊戲系列 ; 72242)
ISBN 978-986-191-847-1(平裝)

1.教育心理學 2.情緒教育

521.18　　107018602

桌上遊戲系列 72242

心情特攻隊：我的心情遊戲書（第二冊）
【社交情境想選做】

作　　者：孟瑛如、郭興昌、黃小華、陳昱昇、陳品儒、張麗琴、鄭雅婷
責任編輯：郭佳玲
總 編 輯：林敬堯
發 行 人：洪有義
出 版 者：心理出版社股份有限公司
地　　址：231 新北市新店區光明街 288 號 7 樓
電　　話：(02) 29150566
傳　　真：(02) 29152928
郵撥帳號：19293172　心理出版社股份有限公司
網　　址：http://www.psy.com.tw
電子信箱：psychoco@ms15.hinet.net
駐美代表：Lisa Wu（lisawu99@optonline.net）
排 版 者：昕皇企業有限公司
印 刷 者：昕皇企業有限公司
初版一刷：2018 年 11 月
I S B N：978-986-191-847-1
定　　價：新台幣 200 元